Einführung in die Mittelspieltaktik des Xiangqi

RAINER SCHMIDT

Bibliografische Information der Deutschen Nationalbibliothek:
Die Deutsche Nationalbibliothek verzeichnet diese Publikation
in der Deutschen Nationalbibliografie; detaillierte bibliografische
Daten sind im Internet über http://dnb.dnb.de/ abrufbar.

Copyright © Rainer Schmidt, Berlin
Herstellung und Verlag:
BoD – Books on Demand, Norderstedt

ISBN: 978-3-7357-7786-7

Inhaltsverzeichnis

Vorbemerkung

Das Mittelspiel war ähnlich dem Schach lange Zeit ein „weißer Fleck" auf der Untersuchungsliste der Spieltheoretiker. Bei Wettkämpfen bewunderte man gelungene Kombinationen und erkannte bestimmte Muster oder günstige Figurenstellungen, die dann als Technik / Taktik / Kunstgriff einen bestimmten – meist poetischen – Namen bekamen, wie z.B. „Den Mond vom Meeresboden holen" oder „Der wilde Tiger steigt vom Berg".

Ein systematisches Fahnden nach diesen Mustern wurde aber nicht betrieben und wurde erst durch die Bekanntschaft mit der internationalen Schachtheorie ab ca. 1920 als Mangel empfunden.

Die Ausbildung von Spielern erfolgte durch Meister, die ihre speziellen Erkenntnisse über Strategie und Taktik – ohne diese „Worte" anzuwenden – auf Schautafeln erläuterten, indem sie den schnellsten Weg zum Sieg oder Unentschieden demonstrierten. Daraus entstehende Theorien über Position und Stellung, Angriffsmarken, erfolgreiche Gegenangriff, usw., wurden nach der Gründung der VR China 1949 systematisch gesammelt und publiziert. Daraus entstanden verschiedene Xiangqi-Schulen, die man einzelnen Provinzen oder herausragenden Spielern zuordnete.

Positionsbeurteilungen, Opferkombinationen und Abtauschtechniken waren und sind der Inhalt xiangqi-theorethischer Auseinandersetzungen, wie sie ständig in den Publikationen der XQ-Zeitschriften und Publikationen stattfinden.

Qualität (Materialvorteil) ist kein Begriff, der im XQ eine annähernd gleiche Bedeutung wie in der Schachliteratur hätte. Qualität wird in „Steinen" berechnet und „Stein" ist auch die Bezeichnung für den einfachen Soldaten, der als Qualität eigentlich nicht der Erwähnung wert ist. Ein Soldat über dem Fluss zählt als Offizier, hat aber keinen offiziellen Tauschwert. Erst im Palast berechnet man ihn gleich einem Wagen. Pferd und Kanone wiegen den Wagen auf, ähnliches gilt für ein Paar Pferde oder ein Kanonendoppel. Letztlich entscheidet darüber die Stellung. Ansonsten wird in Verteidigungs- und Angriffsfiguren (Steine) unterschieden.

Die Angriffsfigur Kanone und die Verteidigungsfigur Leibwächter sind nicht gleichwertig, nur weil ihr Tausch empfohlen wird. Dasselbe gilt für Pferd und Elefant. Andersherum gilt es als Fehltausch und bedarf gesonderter positioneller Rechtfertigung.

Natürlich führt materieller Vorteil langfristig zu einem Positionsvorteil, aber die „Vorhand" und eine schnelle Zusammenarbeit der Figuren ist viel wichtiger. „Vorhand" heißt Initiative. Der Begriff der „Vorhand" kommt unserem Verständnis von „Tempo" nahe. Er ist das, was unter Schachspielern unter dem Begriff „Anzugsvorteil" bekannt ist. Der Anziehende hat den Vorteil das Gesetz des Spielgeschehens bestimmen zu können, den Gegner durch Rückzug oder Verteidigung zu einem Tempoverlust zu zwingen und kann seine Position weiter ausbauen. Das Ringen um die Vorhand ist daher der Dreh- und Angelpunkt aller taktischen Überlegungen.

Die vorliegende Arbeit ist eine Zusammenstellung von 10 grundlegenden Mittelspieltaktiken aus einem XQ-Lexikon [1] , dessen Vorwort des Verfassers diesem beigefügt wurde. Zur Ergänzung sind Beispiele aus anderen Büchern beigefügt.

Der Leser wird bald merken, dass die vorgeführten Taktiken nicht unbedingt das Spiel entscheiden. Auch Schwarz hat noch die Seinigen in der Hinterhand. Erst ein Analysieren der Stellungen mit dem PC wird in manchen Fällen den ganzen Reichtum der möglichen Kombinationen und Gegenkombinationen offenbaren und tatsächliche Fortschritte in der Spieltechnik möglich machen.

Trotz guter Vorsätze war eine möglichst wortgetreue Übersetzung nicht immer durchzuhalten. Manche Erklärungen heben auf dem Neben- oder Doppelsinn der Schriftzeichen ab und sind im Einzelnen dem mitteleuropäischen Geist nicht direkt vermittelbar. Auch wurden Umstellungen in der Reihenfolge der Darstellung vorgenommen.

---

[1]shanghai cishu chubanshe, 1985

Es kam mir vor allem darauf an, die Lektüre einem an das Schach gewöhnte Publikum lesbar zu machen.

Dieses Buchprojekt wurde von der World Xiangqi Federation (WXF) im Rahmen ihrer Popularisierungsmaßnahmen finanziell unterstützt.

Mein Dank geht an alle, die mir durch ihre Hilfe gezeigt haben, dass ihnen der Wert einer soliden theoretischen Basis für ein gutes Spiel bewusst ist, namentlich Uwe Frischmuth für seine lange Betreuung des Projekts und besonders an Rudolf Reinders für die Erstellung der Diagramme.

Ohne den Einsatz von Martin B. Münch, Wolfgang Reher und Sebastian Pipping wäre dieses Buch nur als Manuscript verblieben.

Rainer Schmidt

Vorwort aus dem „Lexikon des Xiangqi"

Das Mittelspiel bezeichnet die Phase zwischen Eröffnung und Endspiel. Indem es mit dem Vorhergehenden verbunden Neues kreiert, ist es eine äußerst wichtige Spielstufe. Man kann seine Grenzen vom Übergang aus der Eröffnung und ins Endspiel nicht genau angeben; es sind ungefähr zehn Züge nach der Eröffnung, bis beide ihre strategischen Ausgangspositionen bezogen und ihre Schlachtordnung aufgestellt haben. Nun kann das Mittelspiel beginnen.

Zu dieser Zeit sind beide Parteien noch gleich stark, der Kampf der Gegensätze schlummert noch, wird noch in komplizierten Windungen und Wendungen zum Ausbruch kommen.Die Strategie ist der Kampf um die Vorhand [2] entweder zur Erringung einer Siegposition oder um den Qualitätsgewinn. Die aus dem Studium des „Jijongmi" [Geheimnisse der Mandarinenblüte] und „Baiju xiangqi pu" populär gewordenen Maximen „Opfern muss Vorhandgewinn bringen" und „für eine gute Position opfert man sogar den Wagen" weisen beide auf die Bedeutung des Vorhandkampfs zur Positionsverbesserung hin. Die folgenden zehn grundlegenden Mittelspieltechniken beruhen auf dieser Strategie und Taktik, aus denen sich schnell das aktuelle Kampfgeschehen abzeichnet und mit den ersten sichtbar gewordenen Anzeichen von Sieg, Niederlage oder Unentschieden beginnt auch schon das Endspiel.

Shou Jingming

---

[2]Zum Begriff „Vorhand" s. „Xie Xiaxun über VH und NH" und „Darlegungen zur Mittelspieltheorie" in „Arbeitskreis Geschichte des XQ" auf www.chinaschach.de.

Kapitel 1

Vereinfachen

Die Situation klären und überflüssige Verwicklungen vermeiden ist manchmal erforderlich! Liegt man mit der Qualität oder von der Position her vorn oder ist eine ausgeglichene Situation eingetreten, dann wendet man diese sichere Taktik an, die hier mit drei Beispielen über vereinfachenden Abtausch und unverhoffte Manöver vorgestellt wird.

1.1 Wagenabtausch zwecks Gefahrenbeseitigung

Wenn man trotz materieller Überlegenheit kritisch steht, muss man einen Kräfteabtausch planen, um gefährliche Situationen nach und nach zu entwirren.

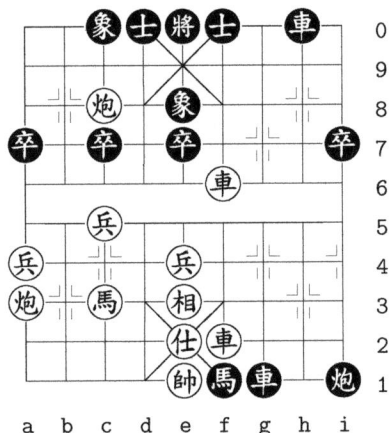

In der vorliegenden Stellung hat Rot zwar die Qualität mehr, aber Schwarz hat seine Figuren gefährlich auf der Grundreihe zusammen gestellt und droht mit dem Wagenrückzug gleich Matt im nächsten Zug an. Aber weil der Wagen auf dem roten Elefanten-Ausgangspunkt steht, kann Rot das Glück der Stellung nutzen und zieht:

1.	W f6 × f0+	W h0× f0
2.	W f2 × f0+	F e0 × f0
3.	E e3 ×g1	

Rot hat nun eine Figur mehr und müsste gewinnen.

1.2 Spielstraffung

Angesichts von Dauerblockade und am Horizont heranziehenden Angriffen tut dem eigenem Spiel eine „Übersichtlichkeit" gut. Das Ziel dabei ist es, die Zahl der möglichen Nebenvarianten zu verringern und ein Unentschieden anzuvisieren.

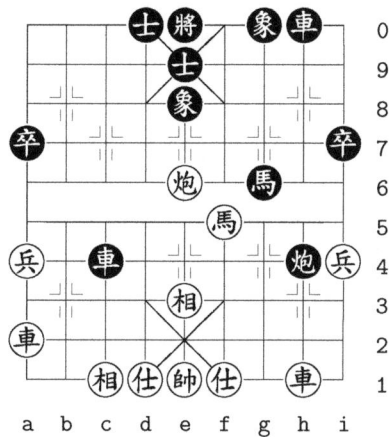

Hier steht bei Rot zwar die Kanone auf der Mittelreihe, aber die Stellung des Pferdes und beider Wagen wiegen den Nutzen der Stellung Schwarz gegenüber nicht auf. Darum reduziert man durch Abtausch die Anzahl der Möglichkeiten

    1.   P f5 ×h4   P g6×h4

    2.   W h1−h3

und plant weiter für ein Unentschieden.

1.3 Truppenabzug

Wenn man nicht mehr genügend Angriffskräfte hat, ist Innenverteidigung angesagt.

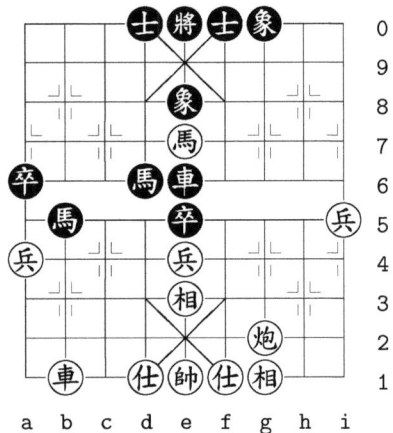

Hier hat das Pferd als Angriffskraft keine Entwicklungsmöglichkeiten mehr, also lässt es Rot mit

| 1. | P e7 – c6 |

die Verbindungswege der schwarzen Pferde blockieren und ein ärgerliches Schach auf d8 androhen. Der Elefant schlägt das Pferd und der rote Wagen macht das Gleiche.

| 1. | ... | E e8 × c6 |
| 2. | W b1×b5 |

Weiter geht es mit dem Schlagen des Mittelsoldaten und dem Zug der Kanone in die Palastmitte, worauf Schwarz seinen Elefanten zurückzieht und der Ausgleich hergestellt ist.

| 2. | ... | S e5 × e4 |
| 3. | K g2 – e2 | E c6 – e8 |

4

Kapitel 2

Vorhandkampf-
Abtauschtechniken

Dies sind so einfache Techniken wie der Doppelangriff nach gleichwertigem Figurenabtausch. Sind die Qualitäten gleich, lohnt sich ein gleichwertiger Abtausch nur dann, wenn damit ein positioneller Vorteil oder ein Gewinn der Vorhand verbunden ist.

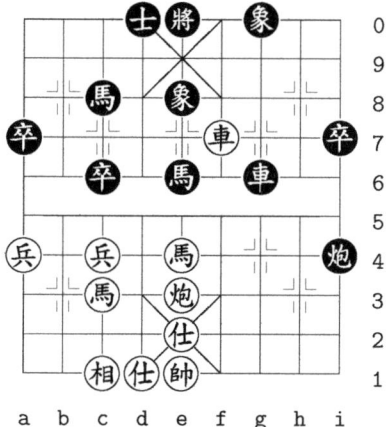

Rot greift nach

1.	K e3×e6	Wg6×e6
2.	P e4−g5	

nun den Wagen und die Kanone gleichzeitig an.

2.1 Wagentausch gegen P+K

ist ein gleichwertiger Abtausch; sollte aber mit einer Stellungsverbesserung einhergehen.

Folgende zwei Diagramme zeigen gelungene Beispiele.

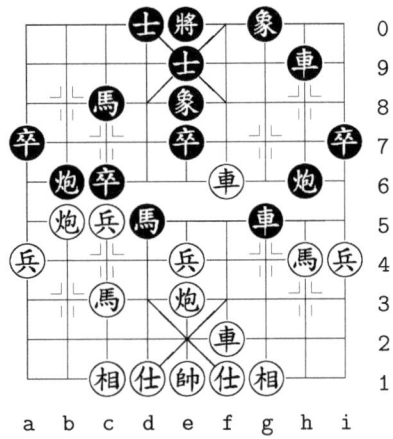

Im vorliegenden Beispiel droht die schwarze Kanone den roten Wagen zu schlagen und noch einen Soldaten über den Fluss zu bekommen. Rot droht der Vorhandverlust und zieht deshalb so:

1.	P c3×d5	K b6× f6
2.	P d5× f6	Wg5×c5
3.	P f6 −d7	Wc5 −d5
4.	P d7−c9+	Wd5−d9
5.	K b5−b0#	

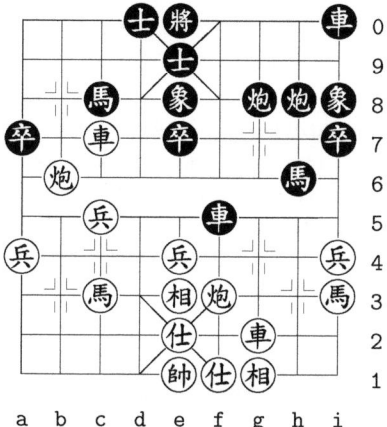

Hier will Schwarz seine Elefanten verbinden, um dann über sie mit der Kanone den roten Wagen auf der 2. Reihe zu bedrohen. Rot greift auf die Vorhandkampf-Abtauschtechnik zurück und sorgt mit seinen auf dem linken Flügel stehenden W+K dafür, das sich Schwarz nach Vorsichtsmaßnahmen umsehen muss.

1.	W g2×g8	P h6×g8
2.	W c7×c8	L e9−f0
3.	K b6−b0+	L d0−e9
4.	P c3−b5	

Jetzt hat sich Rot durch eine gute Figurenzusammenstellung eine günstige Angriffsposition geschaffen.

7

2.2 Einen Wirkungsstein (mou zi) kreieren

In der eigenen Offensivphase einen Abtausch vorzunehmen ist immer dann gut, wenn er einen Angriff besser in Szene setzt oder wenn man eine bestimmte Strategie zur Ausführung bringen will. Dafür kann man jeden Angriffstein nehmen. [Der das Gelingen krönende Stein wird dann als „mou zi" bezeichnet, was man „einen Stein, der eine listige Entscheidung herbeiführt" übersetzen könnte./Anm. Übersetzer]

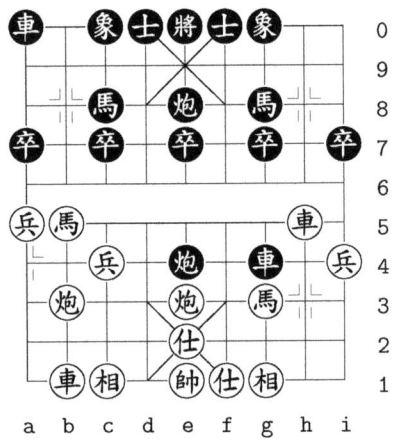

| 1. | P b5–d6 | P c8 – a9 |

1... Wa0-a8?; 2. Pd6-b7 droht Schach durch „das Pferd an der Krippe". Rot könnte nach 1... Wa0-a8? auch mit 2. Pg3xe4 die Kanone schlagen und auf 2. ... Ke8-e4 mit dem Wagen auf e5 rücken und die Qualität zu gewinnen drohen.

| 2. | P g3 × e4 | K e8 × e4 |

der Abtausch zum Erwecken der Leitfigur, deren Erscheinen den Sinn des Strategems enthüllt:

| 3. | K b3–b4 |

stellt eine „Überkreuzfesselung" der Kanone dar. Schwarz hat jetzt Sorgen genug und das ist der Erfolg dieses listigen Figureneinsatzes.

2.3 Profit durch Elefantentausch

Eine gute Taktik. Die folgenden vier Beispiels sind allein ihr gewidmet. Der Elefant ist eine reine aber wichtige Verteidigungsfigur. Man wendet diese Taktik an, wenn beide Parteien qualitätsmäßig gleich stehen, um durch Abtausch eines oder zweier Elefanten die Stellung zu verbessern.

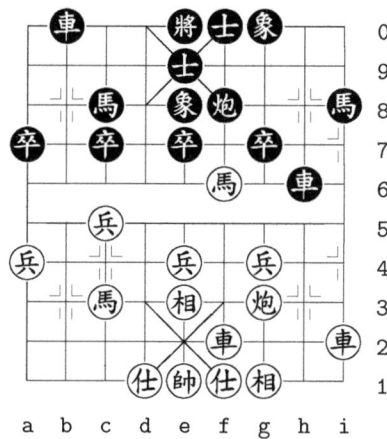

Zunächst ein einfaches Beispiel: einfacher Qualitätsgewinn als Folge des gleichwertigen Abtauschs. Gleichwertiger Austauschpartner für den Elefanten ist das Pferd, das hier mit

     1.   P f6 × e8

den Elefanten vom Brett nimmt und bei Annahme des Abtauschangebots

     1.   . . .   E g0 × e8

     2.   W i2 × i8

eine Qualität mehr gewinnt.

Die Lage scheint ruhig und ausgeglichen. Aber die beiden roten Pferde zeigen gleich ihre Energie.

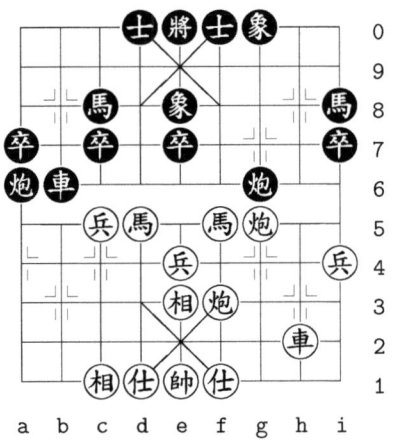

| 1. | W h2–h8 | |

spekuliert auf einen zweifachen Elefantengewinn nach 2.Kg5xEg0, Ee8xKg0; 3.Kf3-g3,

| 1. | ... | P c8 – b0 |

Da gibt es besseres, z.B. Ka6-a5. Schwarz will sich durch eine Verkomplizierung der Lage retten,verliert aber nach

2.	P d5× c7	K g6 – e6
3.	K g5 – g8	W b6 – b7
4.	P c7× e6	S e7× e6
5.	K g8× i8	E g0× i8
6.	W h8× e8+	

auch den zweiten Elefanten.

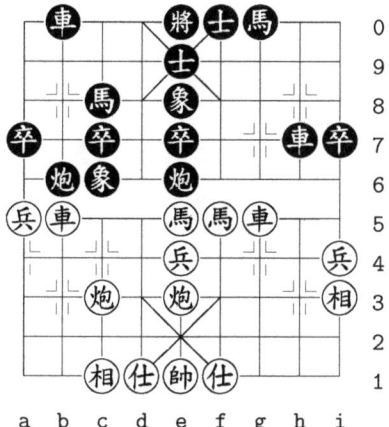

Beide Parteien wirken ineinander verbissen, aber die latente Kraft der roten Kanone auf der C-Linie macht den folgenden Qualitätsgewinn möglich:

1.	P e5×c6	E e8×c6
2.	W g5×g0	

Schwarz hat leichten Qualitätsvorteil und ist in der Vorhand. Rot kann keinen Kampf beginnen, sondern muss seine Überlegungen auf das Gewinnen der Initiative legen.

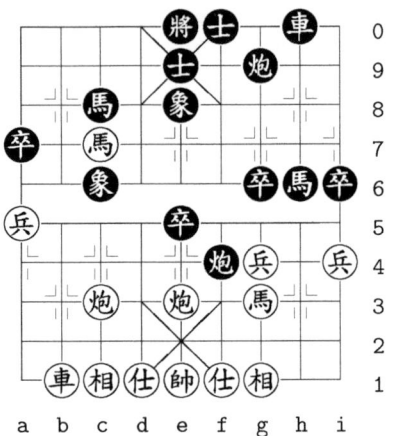

| 1. | K e3×e8+ | E c6×e8 |
| 2. | K c3×c8 | |

und hat jetzt W, P + K in einer ausgezeichneten Zusammenstellung beisammen!

Kapitel 3

Konterangriff

Hier folgen 3 Beispiele kraftvoller Zugfolgen zur Rückgewinnung der Initiative, die man anwenden kann, wenn man durch Qualitätsrückstand die Vorhand verloren hat oder in einer bedrängten Lage ist.

3.1 Elefanteneliminierung

Beim folgenden Beispiel wird eine Positionsverbesserung erreicht.

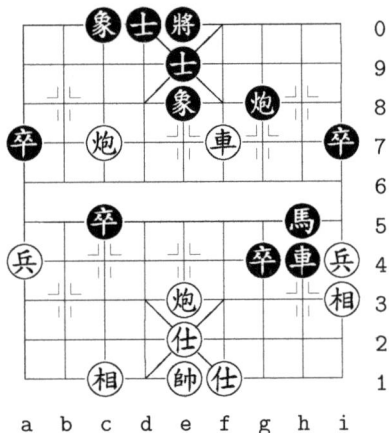

In der vorliegenden Stellung hat Schwarz die „gesunde" Mischung W+K+P und zwei Offiziere. Rot steht sehr bedrängt, hat kaum Chancen auf eine angemessene Verteidigung und spielt:

1.	W f7 – f8	K g8 – g7
2.	W f8 × e8	F e0 – f0
3.	W e8 – e5	

Nach der Beseitigung des Elefanten hat Rot eine veränderte Situation geschaffen, in der es mit Schwarz gleichziehen kann.

3.2 Angriff ist die beste Verteidigung

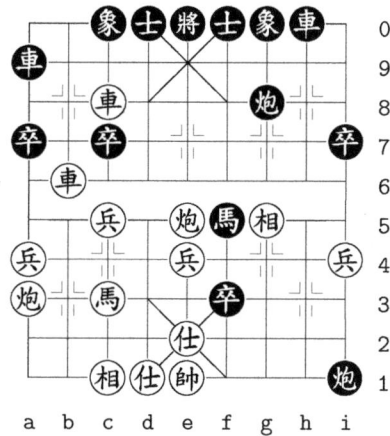

Hier wird mit Wagen und Kanone gearbeitet, um eine kritische Situation aufzulösen. Im vorliegenden Beispiel besteht für beide Kanonen die Möglichkeit den Palast unter Feuer zu nehmen. Rot kann nach vorliegender Empfehlung operieren und zieht so:

1.	W b6 – e6 +	W a9 – e9
2.	W e6 – h6	W e9 – h9
3.	W c8 – e8 +	L d0 – e9
4.	W e8 × g8	E c0 – e8
5.	W h6 × h9	W h0 × h9
6.	L e2 × f3	

Rot hat die Qualität gewonnen.

3.3 Schachmattkonter

Mit diesem überraschenden Konterschlag arbeitet Rot angesichts ge-
fährlicher Schachdrohungen von Schwarz gezielt auf Positionsvorteil
oder schnellen Sieg hin.

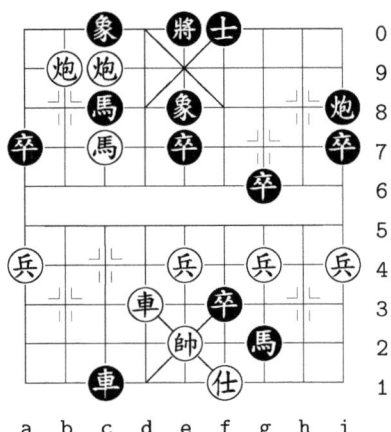

Wir erleben:

1.	F e2–d2	W c1–c2+
2.	F d2–d1	P g2–e3+
3.	L f1 – e2	L f0 – f9
4.	K b9–b0+	L e9 – f0
5.	W d3–d0+	

und Rot gewinnt.

Kapitel 4

Kontroll- und Fesseltechniken

Mit wenig Einsatz viele Schwierigkeiten zu bereiten, ist das Motto dieser Taktik. Dazu zählt die Fesselung des Wagens oder Pferdes durch die Kanone oder ihre Einschlagsdrohung auf dem Elefantenpunkt zum erstickten Matt. Man kann diese Technik auch zu den „Positionsspielen" oder zu den „Vorhandbehauptung" rechnen.

4.1 Fesselung durch Soldatenopfer

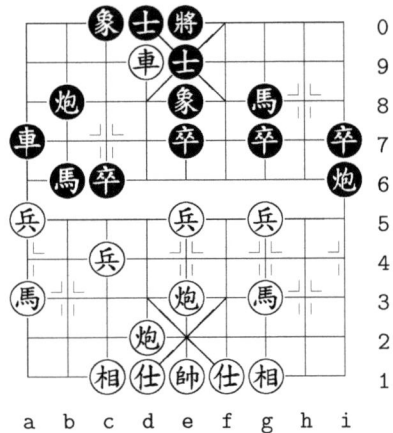

Ein Beispiel für eine Fesselungserzwingung. Schwarz muss das Pferd in die Feuerlinie der Kanone ziehen um den Wagen zu schützen.

1.	S a5 − a6	

(Beginn der doppelten Fesselung von W + P),

1.	...	W a7 × a6
2.	K d2 − a2	P b6 − a4
3.	K e3 − e4	K b8 − a8
4.	W d9 − a9	

Rot gewinnt die Qualität.

4.2 Entlastung des Elefantenpunktes

„Der Elefantenhafen" am eigenen Flussufer hat das angestammte Revier der eigenen Partei zu bleiben! Ein Wagen des Gegners dort lässt immer die Gefahr einer gedrückten Stellung aufkommen.

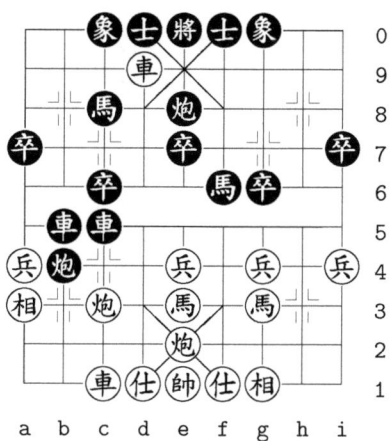

Im vorliegenden Fall scheinen sich beide Parteien gegenseitig gut unter Kontrolle zu haben. Praktisch jedoch ist der „Hafen des Elefanten" unter der Kontrolle des Gegners. Rot begegnet diesem Übelstand folgendermaßen:

1.	K e2 – b2	W c5 – d5
2.	W d9 × d5	W b5 × d5
3.	K c3 × c8	

und hat die Qualität gewonnen.

4.3   Wagenfesselung

Ein Beispiel für die Fernwirkung der Kanone!

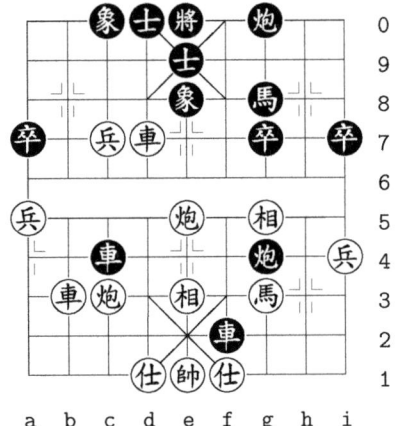

Rot hat eine Kanone auf der e-Linie und die andere lugt auf den Elefantenpunkt auf der c-Linie. Wegen der Mattdrohung für den Palast fesselt sie den Wagen der Gegenpartei. Aus dieser Position heraus kann ein Stellungsvorteil oder die Qualität gewonnen werden.

1.	W d7−d4	W c4−c5
2.	W d4−e4	W c5×c7
3.	W e4×g4	

Rot gewinnt Qualität.

4.4 Wagen-Pferd-Fesselung mit der Kanone

Ein weiteres Beispiel für die Fesselungsmacht einer Kanone über mehr als einen Stein. Wenn es einer Partei gelingt den gegnerischen Wagen und das Pferd mit der Kanone zu fesseln, ist wirklich mit Wenigem viel erreicht!

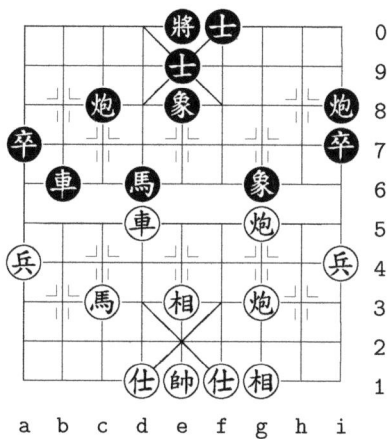

Rot erkennt seine Chancen zum Matt, die auf dem leeren Grundreihenpunkt(g0) des Elefanten liegen und zieht folgendermaßen:

1.	K g5–h5	

(es droht Kh5-h0+ und nach dem einzigen Gegenzug Ee8-g0 der Einschlag auf Kg3xg0 mit Matt),

1.	...	K i8 –h8
2.	K h5–h6	W b6– c6
3.	P c3 –b5	K c8 –d8
4.	W d5×d6	

und gewinnt die Qualität.

Kapitel 5

Durchbruchstaktik

Ein konzentrischer Kräftedurchbruch durch die gegnerische Abwehr-
stellung ist oft spielentscheidend. Idealerweise ist alles - wie in dieser
Stellung - auf die Mittellinie(e-Linie) konzentriert. Von dieser Position aus wird die Stellung bzw. die Qualität gewonnen.

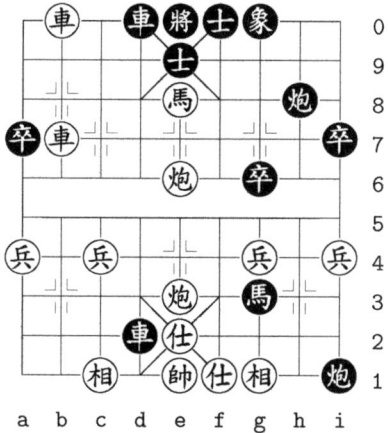

Rot hat zwei Mattmöglichkeiten mit dem „Pferd an der Krippe".

23

5.1 Kanone-Elefantentausch

Eine Kanone gegen zwei Elefanten abzutauschen kann Verteidigungs-
lücken offenbaren.

Wie hier möchte sich das schwarze Pferd am liebsten gegen die Kanone abtauschen, um den „Druck aus dem Kessel" zu nehmen. Rot
macht dem Ganzen mit

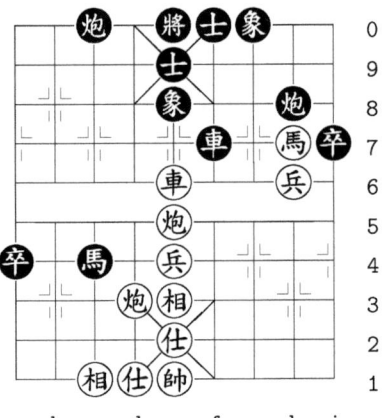

1.	K e5 × e8	E g0 × e8
2.	W e6 × e8	K h8 × h6
3.	P h7 – g9+	W f7 – f9
4.	K d3 – d9	P c4 – d6
5.	W e8 – e6	K c0 – c6
6.	W e6 × d6	L e9 – d8
7.	W d6 × c6	

einen Strich durch die Rechnung.

Es drohte auf

7.	. . .	W f9 × g9
8.	W c6 – c0	F e0 – e9
9.	K c9 × g9	

24

5.2 Matt durch konzentrischen Durchbruch

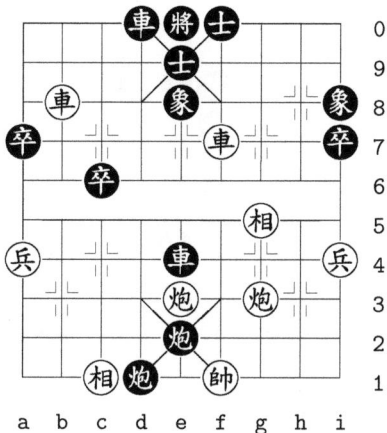

Im heißen Kampfgeschehen versucht hier Rot über die Beseitigung der Leibwache den Feldherrn zu fangen. In seiner Mittelkanone und den beiden Wagen schlummert eine latente Kraft, die mit dem Feldherrnblick durch folgenden Zug erweckt wird:

1.	W f7 × f0+	L e9 × f0
2.	W b8 × e8+	L f0 − e9
3.	W e8 × e9#	

25

5.3 Matt durch eine Verteidigungslücke

Das Leck in der gegnerischen Verteidigungslinie zum Durchbruch benutzen!

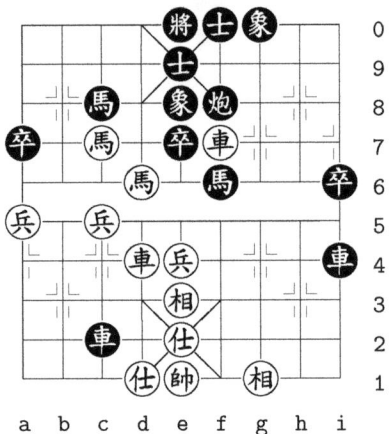

Schwarz hat auf seinem rechten Flügel(f-i Linien) eine Blöße, die Rot benutzen kann, um sein „Pferd" schnell „an die Krippe" zu bringen.

1.	P d6 – b7	L e9 – d0
2.	W f7 × f8	P f6 – h5
3.	P b7 – c9+	F e0 – e9
4.	W f8 – h8	P h5 – f4
5.	W h8 – h9 #	

5.4 Dem Stützpunkt einen Pferdetritt verpassen

Man setzt die Pferde ein, um die e-Linie aufzulockern und dann den Angriff mit beliebigen Figuren fortzusetzen.

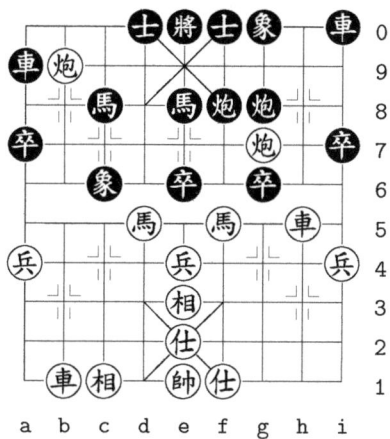

Die schwarzen Truppen bieten ein bemitleidenswertes Erscheinungsbild. Bei Rot ist jedes einzelne Stück aktiver. Daher kann die oben erwähnte Taktik ausgeführt werden.

1.	P f5 – e7	P e8 × e7
2.	P d5 × e7	K f8 – f7
3.	P e7 × c6	P e8 × g7?

(3. ... Ld0-e9 rettet letztlich auch nicht)

4.	P c6 – d8+	F e0 – e9
5.	P d8 × f7+	K g8 – f8
6.	W h5 – h7	P g7 – f9
7.	K b9 × f9	F e9 × f9
8.	W h7 – h9#	

27

5.5 Angriff auf die Pferdekette

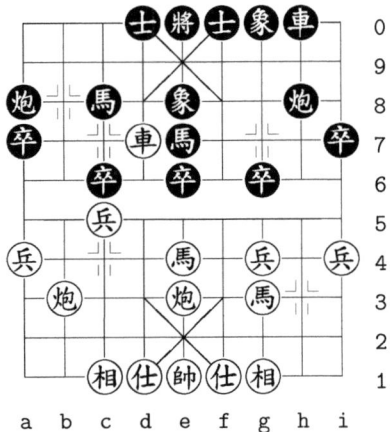

Im vorliegenden Beispiel ist die schwarze Pferdekette zum Zielpunkt der Angriffe geworden. Rot benützt Wagen und Kanone und führt mit beiden seinen Angriff durch:

1.	K b3 – b7	P e7 – g8
2.	K e3 × e6	L f0 – e9
3.	S c5 × c6	

Über den Fluss gebracht vertreibt der Soldat(Offizier) das Pferd und Rot verbleibt in der günstigeren Position.

Kapitel 6

Opfergewinnspiel

„Erst liefern, dann abkassieren" könnte man diese chinesische Taktik-
bezeichnung schnöde übersetzen. „Ohne Opfer kein Sieg" ist der ge-
meinte, an eine schlichte militärische Einsicht angenäherte Sinn dieser Benennung. Qualitätsgewinn, Positionsvorteil oder einfach Ausgleich sind der Zweck dieser planvollen Taktik. Man sollte sie anwenden, wenn die Entwicklung eigener Figuren gehemmt ist, um
wenigstens seine Chancen zu wahren, wie in diesen einfachen Beispielen gezeigt:
Sie beschränkt sich aber keinesfalls nur auf die hier vorgeführte Kom-
pensationstaktik, wie das letzte Beispiel zeigt. Siehe dazu auch den
„Exkurs zur Opferspiel" (Anm./ Übersetz.).

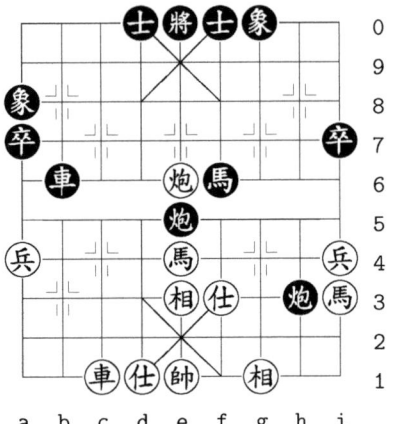

1.	L f3 – e2	W b6 × e6
2.	P e4 – g5	W e6 – a6
3.	P g5 × h3	

Damit hält sich Rot die Chancen auf ein Unentschieden offen. Der schwarze Wagen und das Pferd drohten die rote Kanone(e6) bzw. das Pferd(e4) zu schlagen. In dem Rot durch seinen klugen Angriffs- und Verteidigungszug seine Kanone anbietet, kann sein Pferd mit dem Angriff auf ein lohnendes Ziel vitalisiert werden und die Quali- tät zurückgewinnen.

Das Pferd als Schanzenstein der Kanone bildet fast immer eine effektvolle Position.

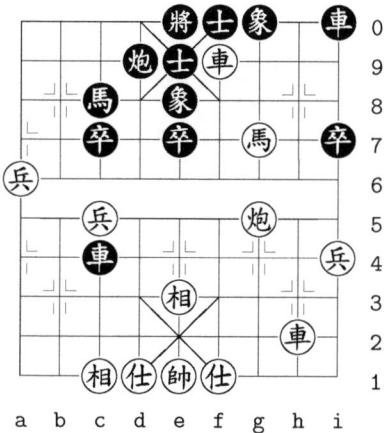

1.	P g7×e8	K d9× f9
2.	P e8 – g9	

Rot trauert dem Wagen nicht nach, sondern holt ihn sich mehr als ausreichend wieder zurück.

Den Wagen gegen die Pferde zu tauschen wird als gleichwertiger Tausch angesehen. In dieser Stellung benötigt Rot seinen Wagen wirklich nicht mehr, geht deshalb auf diesen Abtausch ein und kann im weiteren Spiel noch „den schwarzen Wagen heraus ziehen".

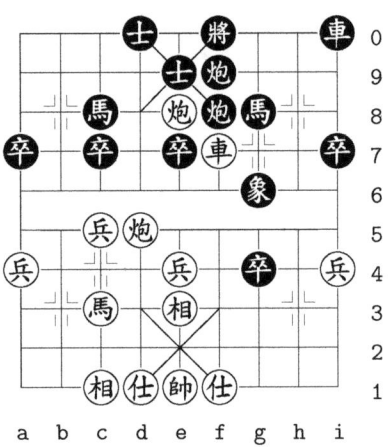

1.	K e8×g8	K f9 × f7
2.	K g8×c8	W i0 – i9
3.	K c8 – c0	F f0 – f9
4.	K d5 – d9+	L e9 – d8
5.	K d9× i9	

3.+ 4. Die Kanone auf der Elefantenlinie(c-Linie) gibt Schach, gefolgt von der auf der Palastrandlinie. Rot sollte mit deutlichem materiellen Vorteil gewinnen.

6.1 Exkurs über das Opferspiel

Viele Xiangqi-Theoretiker glauben, dass der „Schlüsselzug zum Sieg" - wahlweise auch „Konzept", „Leitplan/figur" oder „Idee" genannt – vorzugsweise im Opferspiel zu finden sei. Immer wieder haben sie in vielen Analysen solche Positionen untersucht und die entscheidende Opferwendung markiert. Heute im Zeitalter des PCs haben viele dieser Untersuchungen Lücken bekommen. Trotzdem bleiben sie ein ausgezeichnetes Übungsmaterial für Stellungsgefühl und Zugberechnung. Aus der Vielzahl der Abhandlungen, mit all ihren ins Einzelne gehenden Untersuchungsmethoden, wird im Folgenden ein Beispiel gebracht.[1]

Opfern um ins Spiel zu kommen *Es gibt im Mittelspiel immer wieder Situationen, „in denen die Luft raus ist", man sich gegenseitig unter Kontrolle hat oder in der alles sehr verwickelt und kompliziert ist. Scheinbar kann kein Stück sinnvoll bewegt werden, aber nach eingehender Analyse entdeckt man doch Bedingungen für eine Zugfolge, die durch ein Opfer das Einlenken in eine Mattstellung erlaubt. „Durch Opfern ins Spiel kommen" heißt der Ausdruck für diese Taktik.*

Rot hat mit der Mittelkanone und dem Pferd als Angriffsspitze eröffnet, Schwarz mit dem Randpferd und dem waagrechten Wagen geantwortet. Mit Angriff und Gegenangriff ist die Partie bis hierher gediehen, nun ist Rot am Zug.

Analyse: Schwarz hat die komplette Verteidigungsstellung(KVS). Der Wagen über dem Fluss hat beide Pferde im Visier und mit Wagen d0-d4 kann er ihren gegenseitigen Schutz unterbinden. Die Kanone am Flussufer fesselt den roten Soldaten wegen des Wagens auf g6, der überdies auf dem Elefantenpunkt steht und geschlagen werden kann. Der andere Wagen auf c7 zwischen schwarzem Pferd und Soldat macht auch nicht den mobilsten Eindruck. Einzig der von der Mittelkanone(MK) über das Pferd gedeckte, bereits über den Fluss gebrachte Mittelsoldat kann der konkrete Träger einer Matt-Idee sein. Auf Grund der ineinander verschachtelten Stellung braucht es aber unbedingtes taktisches Geschick, um ins Spiel zu kommen.

Taktische Ausführung: Auf Grund der scharfen Konfrontation ist ein roter Rückzug nicht sinnvoll, die einzige Methode ist „den auf die Sehne aufgelegten Pfeil abzuschießen" d.h. den Vorteil des Anzuges auszunutzen, den Wagen gewagt zu opfern und sich mit dem Soldaten durchzuschlagen.

---

[1]Gan Jushi, Xiangqi shizhan zhongju pu (Praktische Mittelspielsammlung), S.37

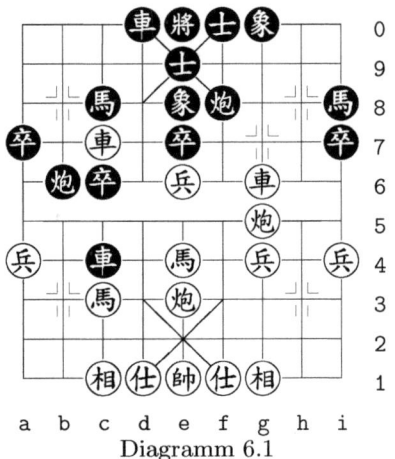

Diagramm 6.1

	1.		S e6×e7

Das ist der Schlüsselzug zu einer Reihe erfolgreicher Kombinationen, denn mit dem Wagenopfer ...

	1.	...	K b6×g6

...öffnet sich im Vorhandkampf das Tor zum Eintritt in zahlreiche vielversprechende Mattzugfolgen.

Im Falle von 1...Wd0-d4 siehe Diagramm 6.2

2.	S e7×e8	E g0×e8

Im Falle von 2...Kg6-e6 siehe Diagramm 6.4

3.	K e3×e8	L e9−d8
4.	K g5−e5+	K g6−e6
5.	K e8×c8+	L f0−e9

es ist auch Ld8-e9 möglich siehe Diagramm 6.7
oder Ke6xe4 möglich siehe Diagramm 6.8

6.	K c8×f8	W c4×c3
7.	K f8−e8+	F e0−f0

im Falle von 7... Le9-f8 siehe Diagramm 6.10

8.	W c7−f7+	L e9−f8
9.	W f7×f8+	F f0−e0
10.	L f1−e2	W c3−c4
11.	P e4−g5	P i8−g7

im Falle von 11... Ke6-e7 siehe Diagramm 6.11

12.	W f8 – f7	W c4 × g4
13.	P g5 × e6	

und Rot gewinnt.

Die Varianten ...

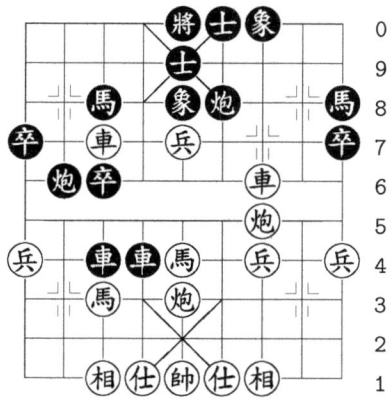

Diagramm 6.2: nach 1. ... Wd0-d4

2.	S e7 × e8	E g0 × e8
3.	W g6 × c6	W c4 × c6
4.	W c7 × c6	F e0 – d0
5.	K e3 × e8	P i8 – g9
6.	K g5 – d5	K b6 – b9

6...falls Pg9xKe8 siehe Diagramm 6.3

7.	P e4 – d6+	K b9 – d9
8.	P d6 × c8+	K b9 – c9
9.	W c6 – d6+	L e9 – d8
10.	W d6 × d8+	F d0 – e0
11.	K d5 – e5 #	

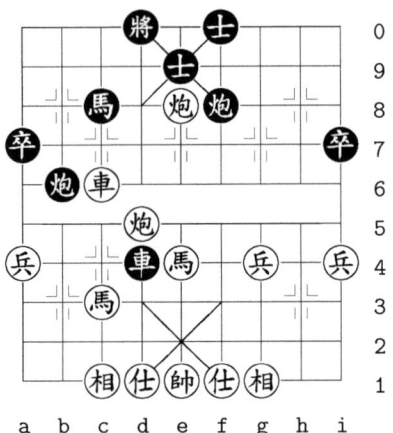

a b c d e f g h i
Diagramm 6.3: nach 6. ... Pg9-e8

7.	W c6 – d6 +	F d0 – e0
8.	K d5 – g5	

und Rot gewinnt auf Le9-d0 den Wagen.

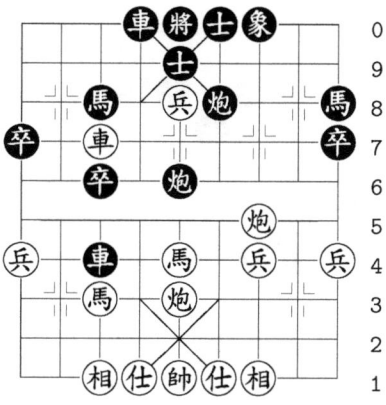

a   b   c   d   e   f   g   h   i

Diagramm 6.4: nach 6. ... Kg6-e6

3.	K e3×e6	W d0–d3
4.	S e8×f8+	F e0–d0
5.	P e4–g3	W c4×c3
6.	L f1–e2	W d3–d8

Im Falle von Wd3-d6 siehe Diagramm 6.5.

| 7. | K g5–g8 | W d8×f8 |

Im Falle von Wd8-d6 siehe Diagramm 6.6.

8.	P g3–e4	W c3–c4
9.	P e4–d6	W c4×g4
10.	P d6×c8+	F d0–d9
11.	P c8–b0+	F d9–d0
12.	W c7–c0+	F d0–d9
13.	W c0×f0#	

Eine brillante Zugfolge voll scharfsinniger Kombinationen!

Hier taucht für Schwarz plötzlich Hoffnung auf!

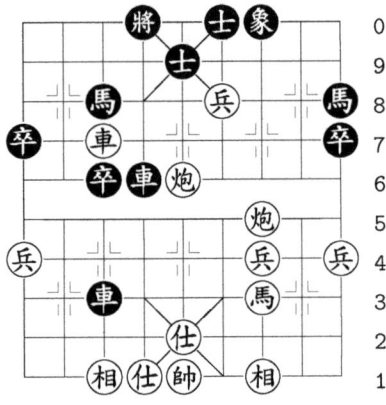

Diagramm 6.5: nach 4. ... Wd3-d6

5.	K e6 – e3	P c8 – a9
6.	S f8 – g8	E g0 – e8
7.	P g3 – e4	W d6 – d4
8.	P e4 – f6	E e8 – g6
9.	K g5 – d5	

Rot steht auf Gewinn

38

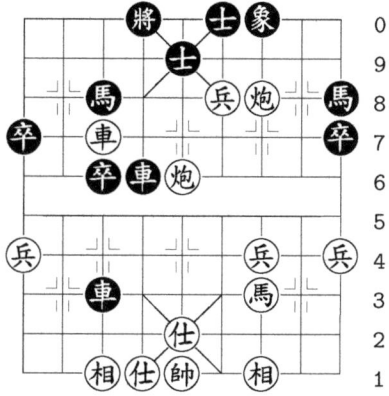

a b c d e f g h i
Diagramm 6.6: nach 7. ... Wd8-d6

8.	P g3 – e4	W d6 – d4
9.	K g8 × c8	W d4 × e4
10.	W c7 – d7+	L e9 – d8
11.	W d7 × d8+	F d0 – e0
12.	K c8 × c3	W e4 × e6
13.	K c3 – e3+	L f0 – e9
14.	S f8 – f9	W e6 × e3
15.	W d8 – g8	

Rot gewinnt mit diesem Mattangriff den Wagen und hat das bessere
Endspiel.

Es gibt als Antwortzug auf 5. Ke8xc8+ noch zwei Varianten

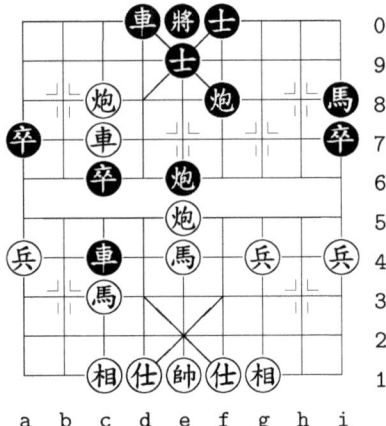

a b c d e f g h i

Diagramm 6.7: nach 5. ... Ld8-e9

6.	K c8 × i8	K f8 −h8
7.	K i8 − i0	K h8−h0
8.	W c7 − f7	

Schwarz hat nur noch das Wagenopfer auf d1 zur Verhinderung eines
Matts und wird sicher verlieren. [aber Schwarz ist damit keineswegs
leicht besiegt. Anm. d. Übersetzers.]

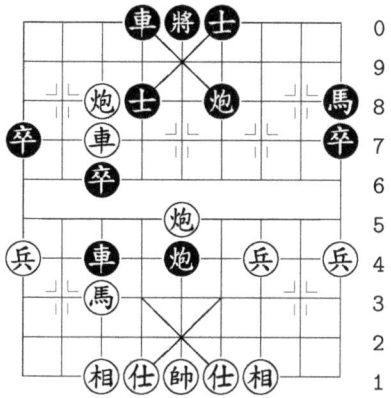

Diagramm 6.8: nach 5. ... Ke6xe4

6.   W c7 – e7 +   L f0 – e9

falls 6. ... Ld8-e9 siehe Diagramm 6.9

7.   W e7 – h7 +   F e0 – f0

8.   K c8 × c4

Pferd und Kanone werden verloren gehen, Rot gewinnt sicher.

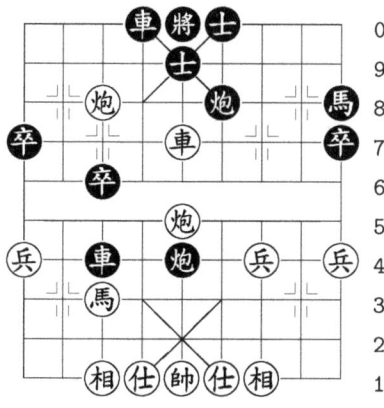

Diagramm 6.9: nach 6. ... Ld8-e9

7.	K c8 – e8+	L e9 – d8
8.	W e7 – f7 #	

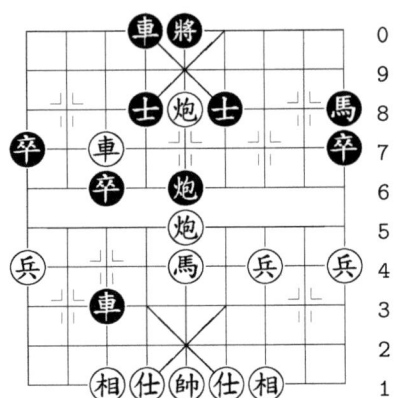

a b c d e f g h i
Diagramm 6.10: nach 7. ... Le9-f8

8.	W c7 – e7	W c3 – c4
9.	K e8 × e6	F e0 – f0
10.	W e7 – e0	W d0 × e0
11.	K e6 – f6	L f8 – e9
12.	K e5 – f5	

und Matt mit der Doppelkanone.

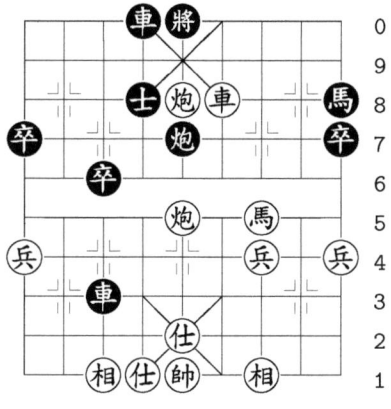

a   b   c   d   e   f   g   h   i
Diagramm 6.11: nach 11. ... Ke6-e7

12.	P g5 – e6	K e7 × e5+
13.	K e8 × e5+	L d8 – e9
14.	F e1 – f1	

[aber auf den Gewinn den der Autor ankündigt, muss Rot mindestens 7 Züge warten. Anm. d. Übersetzers.]

Kapitel 7

Mattopfermotive

Eine methodische Positionierung der Steine sollte schon im Mittelspiel, auf die ausführliche Lagebeurteilung gestützt, den Gegner Schritt für Schritt in die Passivität treiben, auch mit Opfern (wie W, P, K) nicht sparsam sein und kompromisslos das Matt anstreben. In den alten „Klassikern" sind die Mattopfermotive den Endspielen, in den Kunst-XQ-Aufgaben den schrittweisen oder Schach-auf-Schach folgenden Gewinnmethoden ähnlich. Hier ein einfaches Beispiel:

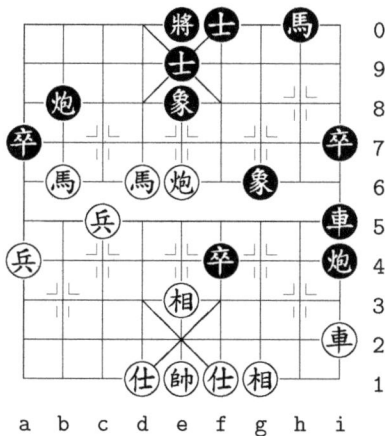

Sich auf die eigene Stärke konzentrieren lässt einen die richtige Zugfolge finden. Hier ist der Gegner auf der a-d Linie recht schwach. Rot
schickt daher sein Pferd ohne Rücksicht auf das andere vor.

| 1. | P d6–b7 | K b8×b6 |

(Fe0-d0 rettet auch nicht, denn 2.Wi2-d2+, Kb8-d8; 3.Pb7-d8 stellt
auch eine definitive Siegstellung her.)

| 2. | P b7–d8+ | F e0–d0 |
| 3. | K e6–d6# | |

7.1 Pferd an der Krippe

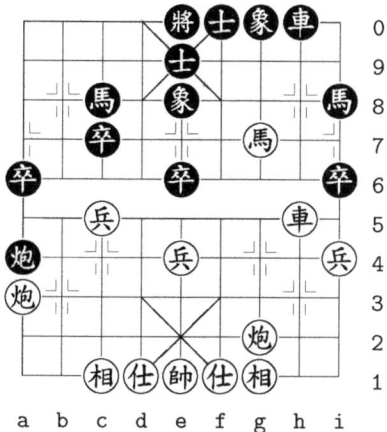

Es gilt, den richtigen Zeitpunkt zu erfassen um durch Opfern einer Schwerfigur das „Pferd an die Krippe" zu schicken. Dieser Ort, von dem aus das Pferd vor dem Thron des Fürsten grast, spielt bei Mattkombinationen eine wichtige Rolle und ist auch ein Wagenopfer wert. Im vorliegenden Beispiel sind beide Parteien gleich stark, doch die schwarzen Pferde stehen schwächer.

1.	P g7× i8	W h0×h5
2.	P i8 −g9+	F e0−d0
3.	K g2−d2	W h5−h2
4.	L f1 −e2	

und das Matt durch die Doppelkanone ist nun unvermeidlich.

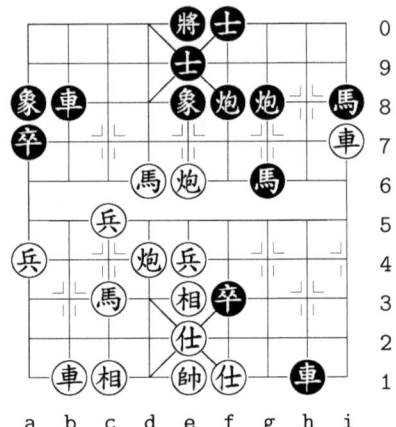

In dieser Situation komplizierter Gegenangriffe tauscht Rot die Wagen um den Elefanten schlagen zu können. Hier hat sich Schwarz zum Wagenabtausch aufgestellt, aber die mögliche Kombination mit dem Pferd an der Krippe und der Doppelkanone übersehen.

1.	W b1×b8	K f8 ×b8
2.	P d6×e8	P g6× i7
3.	P e8 – c9+	F e0 –d0
4.	K e6 –d6#	

7.2 Pferde als Spielmacher

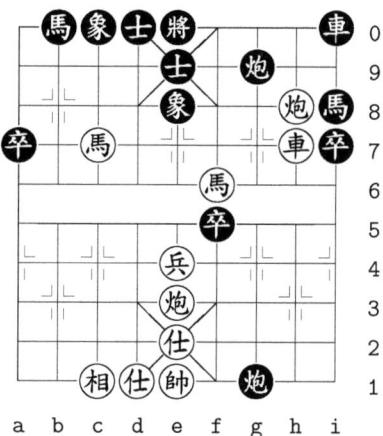

Für ein Pferd zwei Elefanten zu bekommen bedeutet immer das Aus für eine Wachstation vor dem Palast. Im vorliegenden Fall ist Rot nach den Empfehlungen für die „Durchbruchstaktik" aufgestellt, kann also diese Technik versuchen.

1.	P c7×e8	E c0×e8
2.	K e3×e8+	L e9–d8
3.	P f6–d7	P i8–h0
4.	K e8–e6	P h0–g8
5.	K h8×d8	F e0–e9
6.	K d8–e8+	F e9×e8
7.	W h7–e7+	F e8–f8
8.	W e7–e9#	

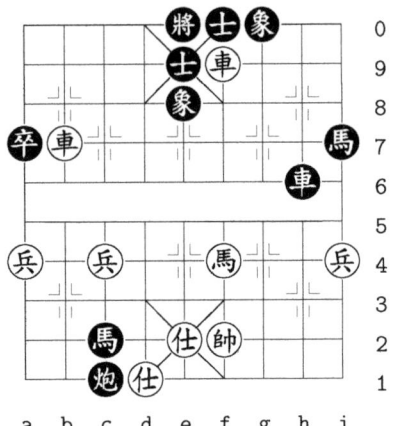

Pferdeopfer zwecks Linienräumiung für den Feldherrenblick sichert hier die Vorhand. Im vorliegenden Fall kommt Rot durch Wh6-h2+ und nachfolgendem Pc2-d4# in eine verhängnisvolle Situation. Also darf Rot die Gelegenheit zur Anwendung dieser Taktik nicht versäumen!

　　1.　　　　P f4 – e6

verhindert o.e. schwarze Kombination,

　　1.　　　　　　　 . . .　　　　E e8 – c0

Auf Wh6xe6 kommt das Matt durch Mattangriff im Wagenverbund (siehe Kapitel 8)

　　2.　　　P e6 – d8+　　　F e0 – d0
　　3.　　　W b7 – d7

der Wagen muss unbedingt Pd4 verhindern!

　　3.　　　　　　 . . .　　　　L e9 ×d8
　　4.　　　W d7×d8+　　　F d0 – e0
　　5.　　　W f9 × f0+　　　F e0 – e9
　　6.　　　W d8 – d0

Das nachfolgende schwarze Gewitter wird sich bei solidem Spiel als Strohfeuer herausstellen.

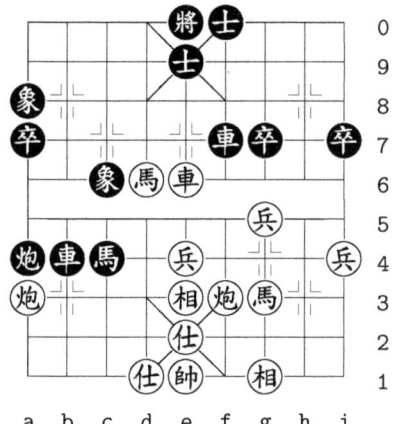

Pferdeopfer mit blitzartigem Stellungswechsel der Kanone.

Hier sind beide Parteien gleich stark, aber Schwarz ist auf seiner linken Seite(f-iLinie) unterbesetzt. Rot nützt dies so aus:

1.	P g3– f5	W f7 × f5
2.	P d3–h3	F e0 –d0
3.	K a3 –d3+	W f5 –d5
4.	P d6– c8+	F d0– e0
5.	P h3–h0#	

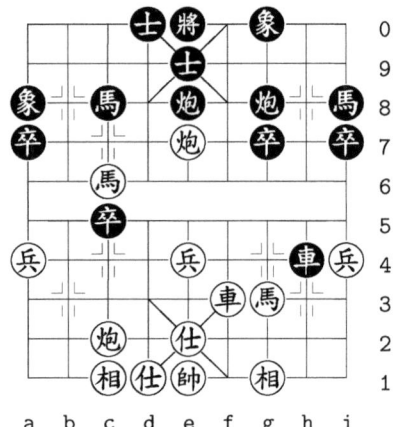

Hier drängelt sich ein Pferd an die entscheidende Stelle und gewinnt durch sein Opfer die Partie.

1.	P c6–d8+	K g8×d8
2.	F e1 – f1	

und das Spiel ist gelaufen, da Wf3-f0 Matt.

Hier ermöglicht der Feldherrnblick zusammen mit einem Pferde-opfer den finalen Mattangriff.

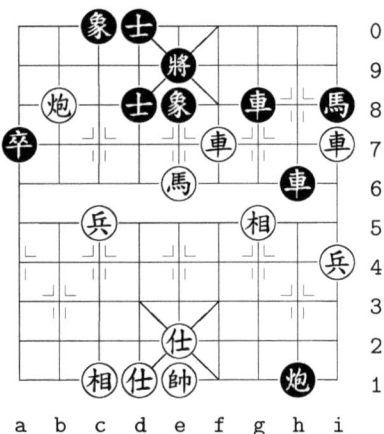

Das rote Pferd hat keine Entwicklungsmöglichkeit mehr, also lässt
Rot es einstehen:

1.	F e1 – f1	W h6× e6
2.	W f7 – f9+	F e9 – e0
3.	W f9 – f0+	F e0 – e9
4.	W i7 – c7	K h1–h9
5.	K b8–b9	E e8 – c6
6.	W c7 – c9+	F e9 – e8
7.	W f0 – e0+	K h9– e9
8.	K b9–b8#	

7.3 Ausnutzung der schwache Flanken

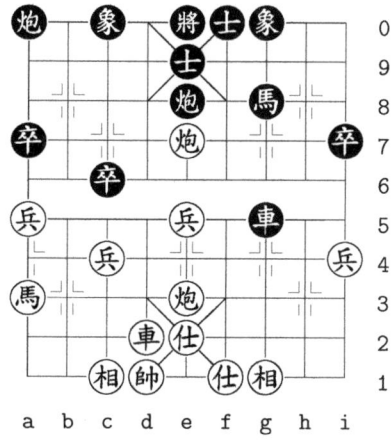

Im vorliegenden Beispiel ist die linke a-d Flanke von Schwarz recht
schwach. Rot nutzt das mit seiner Mittelkanone und mit dem Wa-
gen(d2) aus. Dabei stört die schwarze Kanone am Rand. Da nur sie
weg muss, kann man sogar Opferangebote machen. In diesem Spiel
bekommt Rot so sein Pferd befriedigend weit vorwärts und lässt ab
4.) Schwarz nicht mehr viel Wahl: entweder bietet es von der Krippe
aus Matt, ansonsten macht's der Wagen vor dem Feldherrn.

| 1. | K e3 – b3 | |

(es droht jetzt Kb0+ mit Wxd0 und Wd0-d9#),

1.	...	K a0 – b0
2.	P a3 – b5	K b0 – a0
3.	P b5 – c7	K a0 – b0
4.	P c7 – a8	P g8 × e7
5.	P a8 – c9#	

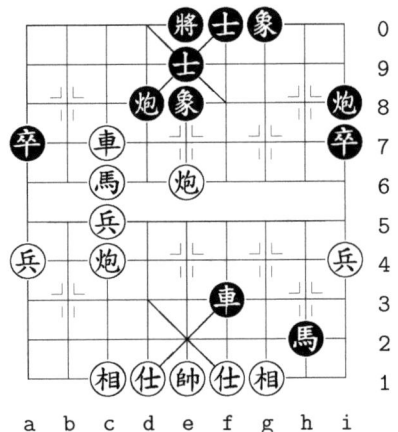

Die a-d Flanke von Schwarz ist sträflich schwach.

1.	W c7 – c0+	K d8 – d0
2.	K c4 – d4	W f3 × f1+
3.	F e1 – e2	W f1 × d1
4.	P c6 – d8	K i8 × d8
5.	W c0 × d0#	

7.4 Vorteil durch eine schwache Mitte

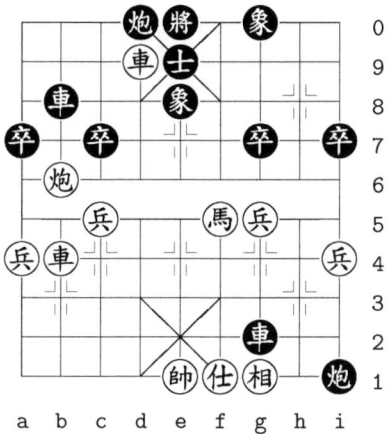

In diesem Spiel hat Schwarz nur einen Leibwächter, das „Herz des Palastes" ist praktisch unverteidigt. Rot opfert seinen Wagen um seine Kanone in die zentrale Stellung zu bringen, mit der der entscheidende Angriff gestartet werden kann.

1.	K b6 – e6	W b8×b4
2.	W d9×e9+	F e0 – f0
3.	W e9 – e0	F f0 – f9
4.	P f5 ×g7+	F f9 – f8
5.	W e0 – f0#	

7.5   Exkurs über das Positionsspiel

Da die Chinesen zwischen Technik und Taktik (shu = Kunst oder Kunstfertigkeit) nicht unterscheiden und viele Taktiken in technische Abläufe einmünden, gibt es so viele „Taktiken" wie es schöne Schriftzeichen gibt, um sie in literarisch anspruchsvoller Form zu benennen. Xiangqi gehört in China zur höheren Geisteskunst (zu der auch die Poesie gehört) und präsentiert sich gern stolz in diesem Weltkulturerbe. Bedauerliches Opfer ist eine klar differenzierende Begrifflichkeit, wie sie der an westlichen Kategorien geschulte Geist gewohnt ist. Innere Zusammenhänge und Endergebnis sind der chinesischen Weltanschauung wichtiger als die Bestandteile einer Analyse.

Mit Folgendem grenzt der uns schon bekannte Gan Jushi [1] mit beinahe den gleichen Worten das Positionsspiel vom Opferspiel ab:
Häufig kommt es im Xiangqi vor allem im Mittelspiel zu Situationen in denen ein seichtes Gewässer keine Überraschungen bietet oder in der alles verwickelt und kompliziert ist. Aber nach sorgfältigem Nachdenken und Analysieren bekommt man auf einmal die Ahnung von einem Weg, den man eine Strecke lang gehen muss, und – schlimmer noch – macht man nur einen Fehlzug, wird das der entscheidende Moment über Sieg und Niederlage gewesen sein!
So eine Art von Zugfolgen ist nicht mit Opfern oder Abtauschen gleich zu setzen, sondern wird - um einen technischen Ausdruck zu gebrauchen - „Positionsspiel" genannt.

Zu den engagierten Vertretern einer eigenen Positionsspielforschung zählt auch Zhang Qingmin [2] , der seinen Standpunkt mit folgenden Worten begründet:

Wie man sich auf jedem Turnier überzeugen kann, kommt es nicht selten zu vollkommen identischen Anfangszügen und trotzdem wird man niemals einen gleichartigen Partieverlauf sehen oder zu sehen bekommen, weil die Variationsmöglichkeiten im Mittelspiel einfach zu zahlreich sind. Jeder Spieler sieht sich angesichts der Tausenden

---

[1] s. fn. 2
[2] zhongguo xiangqi, Peking, 1985, S.145

von Möglichkeiten, den Analysen und ihren komplizierten Varianten und dem Urteil über die verschiedenen Angriffs- und Verteidigungstrategien vor eine schier unlösbare Frage gestellt. Noch dazu gibt es im Mittelspiel, gerade wenn es zum entscheidenden Punkt gekommen ist, eine Unzahl von Zugfolgen und man kann auf Grund der vielen Möglichkeiten eben nicht die den einen Zug in die Abwicklung der siegbringenden Zugfolge erkennen. Daher wird ein Spieler, dem das häufig gelingt, von den Leuten dann auch „Virtuose", „Genie", „Künstler" u.ä. genannt.

Aber andere zählen die Opfertechniken auch zum Positions-/Stellungsspiel: *„Das Positionsspiel ist während des gesamten komplizierten und verwickelten taktischen Kampfverlaufs von größter Wichtigkeit. Man tauscht dabei die Figuren ab um seine Vorhand durchzusetzen oder eine Gefahr abzuwenden, man vereinfacht, um sich zu stabilisieren. ... So wie der Qualitätsvorteil die Vorhand bringt oder zumindest langfristig Vorteil, so führt Qualitätsverlust auch zu Vorhandverlust und langfristig in Nachteil. Matttechniken, die Zug auf Zug in ihrer Abfolge sitzen müssen, werden auch unter die Stellungsspiele (Positionsspiele) gerechnet."* [3]

---

[3] Jin Qichang, Xiangqi zhongpan zhanshu (Xiangqi Mittelspieltechniken), Vorwort, S.1

Kapitel 8

Das Positions-
Stellungsspiel

Ein effektiver Einsatz aller Steine soll die Initiative in Form von Vorhand oder Positionsvorteil sichern. Man zieht sie, um einen bestimmten strategischen Plan zu verfolgen und die definitiven Voraussetzungen für den Sieg zu schaffen. Das einfachste Beispiel dafür ist:

8.1 Mattangriff im Wagenverbund

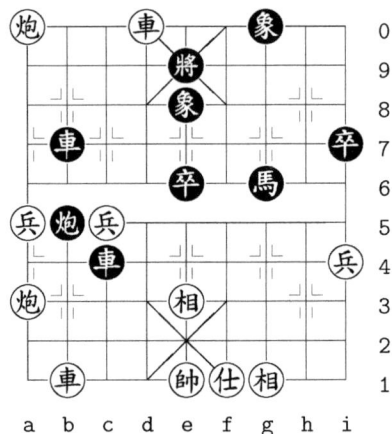

Beide Wagen werden zusammengefasst, um einen Mattangriff zu inszenieren. Zwar scheint der schwarze Wagen den Feldherrn ausreichend schützen zu können, aber Rot nutzt hier die virtuelle Kraft der sich gegenseitig schützenden Kanonen, um seine Wagen zum Sturm auf den Palast zusammen zu führen.

	1.	W b1–d1	
der „Verbund"			
	1.	...	W b7–b9
	2.	K a0–a9+	W b9–b7
	3.	W d1–d9#	

8.2 Der wilde Tiger steigt vom Berg

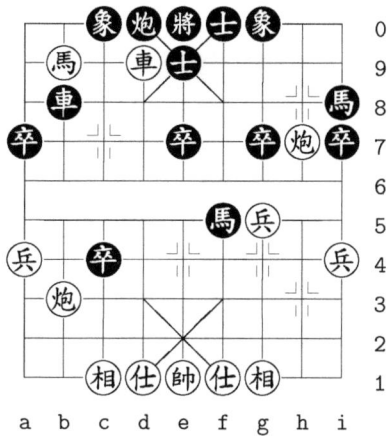

„Der wilde Tiger, der den Bergpass bewacht" ist das über den Fluss gegangene schwarze Pferd, welches damit eine Schlüsselstellung einnimmt. Auch der schwarze Wagen steht gut in der eigenen Hälfte wo er dem Elefanten seine Ausflugsplätze sichert. Das rote Pferd hat er auch unter Kontrolle. Rot hat folgenden Plan:

1.	K b3– e3	

„lockt den Tiger vom Berg",

1.	...	P f5 × e3

im Falle von 1... Eg0-e8; 2. Kh7-h8, Le9-f8; 3. Wd9xd0+ mit bei Rot verbleibender Vorhand

2.	K h7× e7+	L e9 – f8
3.	E c1× e3	

[notwendig wegen drohendem Schach von Schwarz durch das „Pferd an der Krippe" mit nachfolgendem Wagenmatt auf b2.] und wird gewinnen. [Fehleinschätzung des Verfassers: der „tote Tiger" lebt virtuell noch weiter!/Anm. Übersetzer]

8.3 Mit dem fliegenden Elefanten den Wagen blockieren

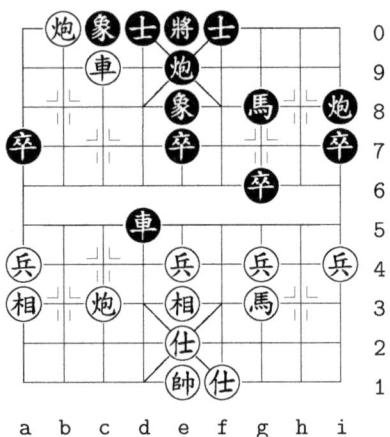

Eine lockere Redewendung chinesischer XQ-Fans zur Bezeichnung dieser Taktik: Man blockiert mit seinem Elefanten einen Wagen und begrenzt seine Bewegungsfreiheit. Hier kann man sogar den Gegner durch dessen eigene Steine zur Auflösung der Verteidigungslinien zwingen, denn die Kanone im Herz des Palastes blockiert die Wege der Leibwächter, ist also nutzlos. Jedoch schützt der schwarze Wagen den Engpass zwischen den Elefanten, auch kann er im nächsten Zug die rote Kanone auf b0 vertreiben und die Angriffsdrohung, die von der auf seine Grundreihe abgesunkenen roten Kanone ausgeht, auflösen. Rot entscheidet sich so:

1.   E a3 – c5

dieser Zug blockiert den Wagen, schützt die Kanone auf der Grundreihe vor seinen Belästigungen und schafft überdies durch ein 2.) Wc9-d9 hervorragende Mattdrohungen.

1.   . . .   K e9 – d9

Ke9-i9 ist auch nicht der Retter: nachfolgendes Wc9-g9 gewinnt auf jeden Fall eine Qualität.

2.   W c9 × c0

und zerschlägt mit dem Elefanten die gegnerische Verteidigungslinie. Das ist „das effektive Bewegen der Steine, um eine günstige Stellung zu bekommen", wie die wörtliche Übersetzung der „Taktik vom Positionsspiel" lautet.

8.4 Im Osten lärmen und im Westen angreifen

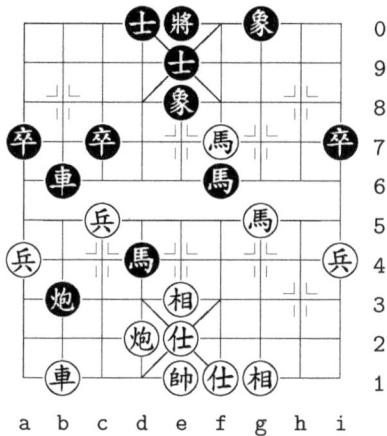

Noch so ein gelungenes Beispiel aus der Verbindung von klassischen militärischen Strategemen mit Positionsspielarten des Xiangqi. Man greift irgendeinen gegnerischen Stein an, plant aber seinen Angriff an ganz anderer Stelle. In diesem Beispiel können beide Parteien ihr „Pferd an die Krippe" bringen, aber die rote Kanone auf der zweiten Reihe steht auf einem guten Platz zu einer offensiven Verteidigung.

1.	L e2 – d3	

der „Lärm im Osten",

1.	. . .	P d4 – f5
2.	P f7 – g9+	F e0 – f0
3.	K d2 – f2	

der „Angriff im Westen".

3.	...	K b3−b4
4.	L d3−e2	

mit nachfolgendem guten Spiel.

8.5 Der Kanonen-Wagen-Verbund

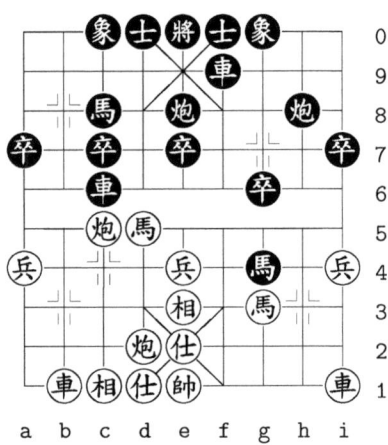

Der zum Schutz eines Pferdes operierende Kanonen-Wagen-Verbund ist für einen Konterschlag immer nützlich. Hier wird bei beiden Parteien der Hauptkampf auf der c und g Linie geführt. Schwarz will den Elefanten im Palast beseitigen, aber Rot zieht:

1.	W b1−b5	S e7 − e6
2.	K d2− c2	W c6 −d6
3.	K c5 − c4	W f9 − f5
4.	K c4×g4	W f5 ×d5
5.	K g4×g0+	L f0 − e9
6.	W b5×d5	W d6×d5
7.	W i1 −h1	K h8− f8
8.	W h1−h0	

Rot ist im Angriff.

8.6   Kanonenbelebung durch Pferdeopfer

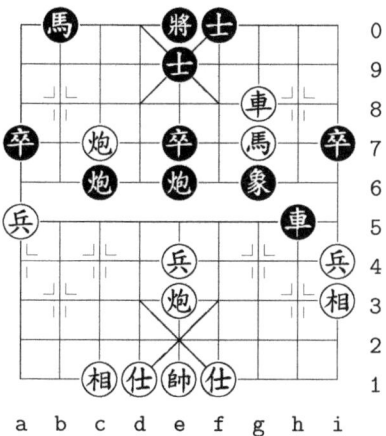

Eine Partei bringt die Pferde nach hinten, um die Feuerkraft beider Kanonen zum Einsatz zu bringen und erobert dadurch eine Qualität. Schwarz hat nur noch einen Elefanten, die Verteidigungsstellung ist geschwächt. Rot nützt dies aus mit:

1.	P g7×e6	S e7×e6

Das Pferdeopfer soll eine schwarze Mittelkanone verhindern!

2.	W g8–b8	P b0–d9
3.	K c7–g7	E g6– i8
4.	K e3×e6+	F e0–d0
5.	W b8– c8	P d9–e7
6.	W c8 – c7	

und hat eine Figur sicher.

65

Kapitel 9

Vorhandbehauptung

Hier geht darum einen raffinierten Plan zu finden und zu verwirklichen um dem Gegner entweder wichtige Figuren weg zu schlagen oder ihm die entscheidene Wendung aufzuzwingen oder ihm am Entkommen zu hindern. Dies wird hier an 15 Beispielen vorgeführt.

Angriff, Angriff, Angriff!

9.1 Zwei-Steine-Angriff mit einem Wagen

Hier stehen die schwarzen Figuren etwas verstreut in der Gegend herum, die rote Mittelkanone hingegen gut. Daraus kann man etwas machen:

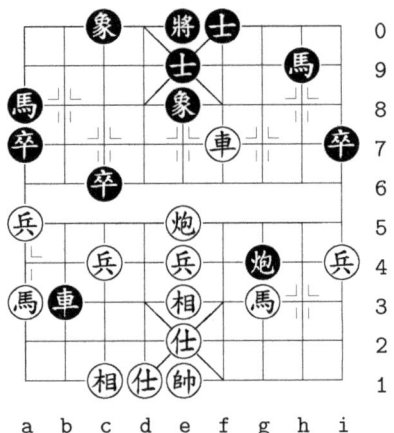

1.	W f7 – f9	P h9 – g7
2.	W f9 – f4	K g4 – g6
3.	W f4 – f6	F e0 – d0
4.	W f6 – d6+	F d0 – e0
5.	W d6×g6	

Rot hat die Qualität mehr und könnte gewinnen.

9.2   Den Wagen doppelt angreifen

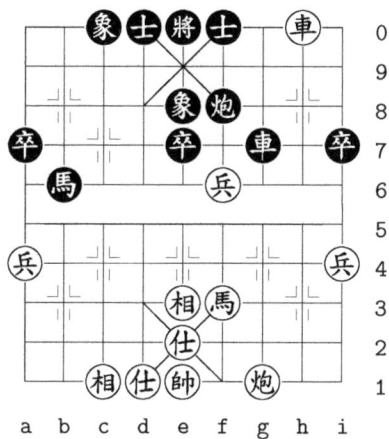

So ziehen, dass man dem Wagen keine Chance lässt. Hier sind die roten Speerspitzen von Soldat, Pferd und Kanone auf den schwarzen Wagen gerichtet,

1.	P f3 – g5	E e8 – g6
2.	P g5 – i6	

und Pferd und Kanone fassen ihn auch.

9.3 Schritt für Schritt den Wagen plagen

In dieser günstigen Stellung kann man mit jedem Zug den Wagen quälen und so eine Qualität gewinnen. Im vorliegenden Fall steht das schwarze Pferd im Visier des Wagens und diesen günstigen Umstand kann Rot ausnutzen:

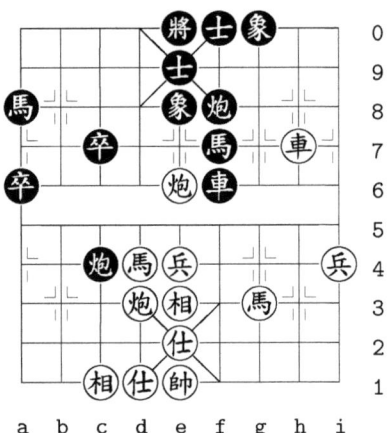

1.	P g3–h5	W f6 – f2
2.	K d3–d2	W f2 – f5
3.	S e4 – e5	W f5 × e5

Nun muss der Wagen doch die Deckung seines Pferdes aufgeben und eine ganze Qualität gegen einen billigen Soldaten hergeben.

9.4 Mit Elefant und Pferd im Angriff

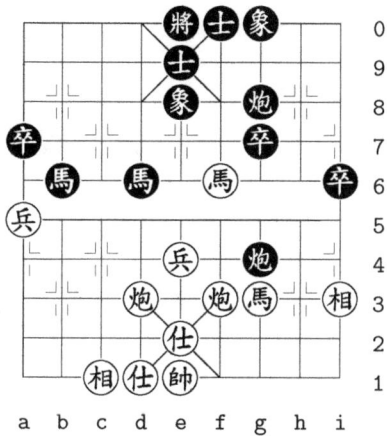

Der Elefant hilft dem Pferd beide Kanonen anzugreifen. In dieser Stellung sind sie zwar verbunden, aber das Pferd steht günstig genug, um sie anzugreifen, weil der rote Elefant die Feuerkraft der Kanone auf g4 ins eigene Lager nach hinten verhindert.

1.	E i3 – g5	S g7 – g6
2.	P f6 × g8	P d6 × e4
3.	K f3 – e3	

Rot verbleibt mit Qualitätsgewinn.

9.5 Wagenjagd mit zwei Pferden

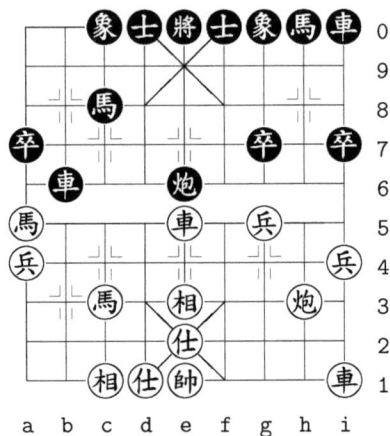

Zwei Pferde können jeden Wagen jagen. Weil die schwarze Kanone gefesselt ist, bringt diese Technik hier für Rot den Qualitätsgewinn.

1.	P c3 – d5	W b6 – d6
2.	P a5 – b7	W d6 – d7
3.	P b7 – c9+	W d7 – d9
4.	W e5 × e6+	L f0 – e9
5.	K h3 – h9	

Rot hat den Wagen sicher.

9.6 Wagenabtausch mit Doppelangriff

Dies ist eine Taktik, die ein Abtauschangebot mit einem Doppelangriff verbindet und damit eine Figur gewinnt. Im vorliegenden Fall ist die schwarze Kanone auf h0 gefesselt und Rot nützt das aus durch:

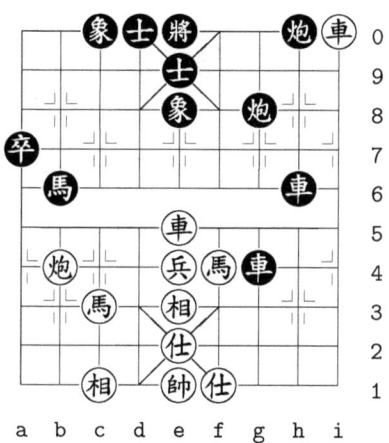

1.	We5 – e6	Wh6 – h2
2.	We6×b6	K g8 – g0
3.	Wi0 – i1	

Rot behält die Qualität.

9.7 Den Wagen blockieren und die Kanone schlagen

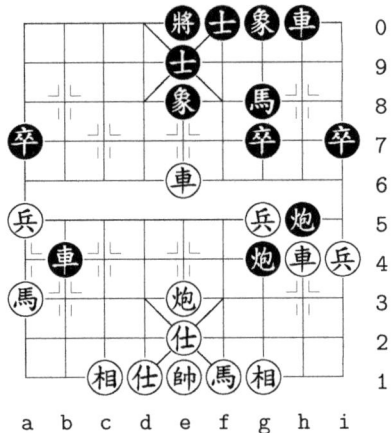

Hier stehen beide gut, aber Rot ist am Zug und kann die Wagen-Kanone-Linie blockieren.

      1.   K e3 – e4   K h5×a5

(falls 1...Kg4-g2, so 2. Ke4xe8† und macht dem Wagen den Weg zum Schlag frei);

      2.   W h4×g4

Rot hat die Qualität.

9.8 Pferdeabtausch mit Doppelangriff

Hier könnte der rote Wagen die beiden Kanonen angreifen, aber das schwarze Pferd am Flussufer muss erst von der Verteidigung der wichtigen „Straßenkreuzung" abgedrängt werden.

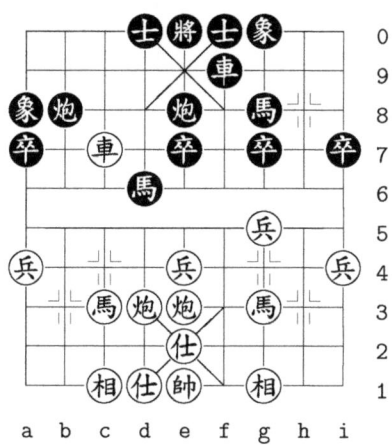

1.	P c3 – d5	P d6 – f7
2.	W c7 – c8	W f9 – b9
3.	K d3 – b3	P g8 – e9
4.	W c8 × e8	K b8 – c8
5.	W e8 – f8	W b9×b3
6.	K e3 × e7	P e9 – c0
7.	W f8 × c8	

auch die Variante 3... Wb9-d9 hilft nicht weiter. Rot spielt 4. Pd5-c7, Wd9-d7; 5. Kb3-b7 und geht mit Qualitätsgewinn aus dem Abspiel hervor.

9.9 Den Elefanten anlocken

Der Soldat geht über den Fluss und droht einen Doppelangriff an. Sein eigentlicher Zweck ist die Überdehnung der Elefantenverteidigungsdiagonalen zur Schwächung des Elefantenpunkts c0 auf der Grundreihe [1]. In diesem Abspiel können beide Pferde abgetauscht werden, ansonsten ist alles ausgeglichen und ruhig. Rot will sich die Position seiner aus der Ferne auf den Elefantenpunkt spähenden Kanone zu Nutze machen und spekuliert auf folgende Zugfolge:

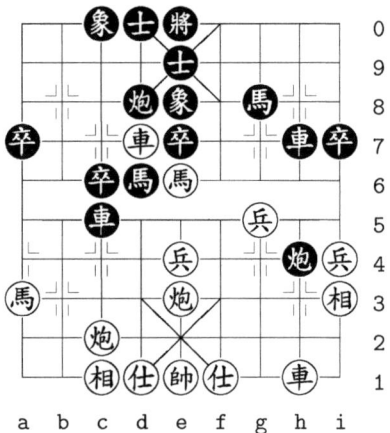

1.	S g5 – g6	E e8 × g6
2.	W d7 × d6	S e7 × e6
3.	K c2 – c4	K h4 – h5
4.	K e3 – c3	K h5 – e5+
5.	S e4 × e5	W c5 × e5+
6.	L d1 – e2	

Rot wird das Spiel gewinnen.

---

[1] s. dazu auch „Elefanteneliminierung" in Konterangriff und „Profit durch Elefantentausch" in „Vorhandkampf-Abtauschtechniken"

9.10   Das Pferd im Herz des Palastes

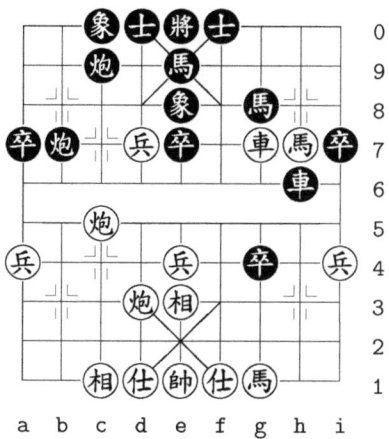

ist ein natürlicher Schwachpunkt des Spiels, solange der Gegner noch
eine Mittelkanone auffahren kann. Hier kann man durch ununterbrochene Angriffe positionellen Vorteil oder den Sieg erringen:

  1.   S d7 – c7

Ein „Abtausch" wird angetragen, der bei Annahme durch 1. ... Kc9xc5
zum Matt durch das „Pferd an der Krippe" auf g9 führt.

1.	...	K c9 – a9
2.	K d3 – d9	P e9 – g0
3.	K d9 – h9	W h6 – g6
4.	W g7 × g6	E e8 × g6

Neue Phase: der Wagentausch führte zur Überdehnung der Elefantenverteidigungsdiagonalen und wird mit

5.	K c5 × c0 +	L d0 – e9

entsprechend ausgenutzt.

6.	K h9 × a9

Rot steht auf Sieg.

9.11 Die Leitfigur wirken lassen

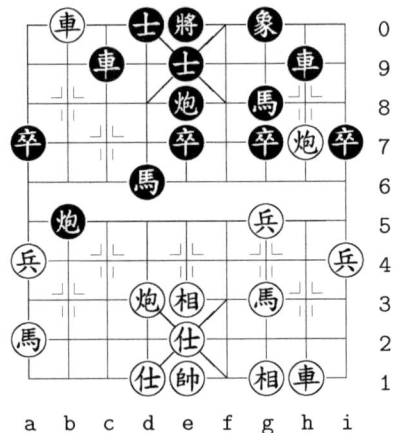

Die Flankenkanone(h7) schlägt den Mittelsoldaten(e7) und ist damit der Clou der erreichten Stellung. Wird sie geschlagen, geht der Wagen(h9) verloren. Wird sie nicht geschlagen droht ein Matt durch Wb0xd0! Ein schwarzer Qualitätsverlust ist unvermeidlich.

1.	K h7×e7	P d6−b7
2.	Wb0×b7	

Das Pferd ist gewonnen.

9.12 Rückzug zum Angriff

Anscheinend einen Rückzug anzutreten, in Wirklichkeit den nächsten Angriffszug vorzubereiten ist eine weitere Taktik.

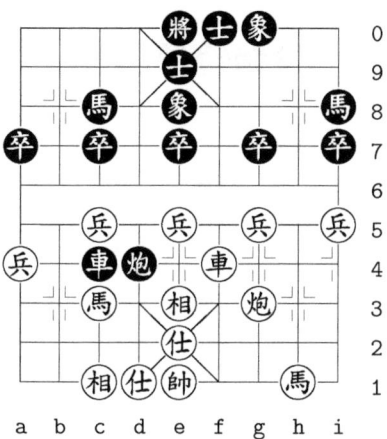

In diesem Diagramm haben sich beide Parteien scheinbar unter Kontrolle, aber in Wirklichkeit stehen bei Schwarz Wagen und Kanone isoliert von der Basis. Rot nützt diese Situation zunächst für ein Ausweichmanöver.

1.	P c3 – b1	W c4 × a4
2.	P b1 – a3	

mit nachfolgender Kg3 – g4 und Qualitätsgewinn.

9.13 Verführungszwang

In manchen Situationen kann man sich so stellen, dass die feindlichen Kräfte geradezu verführt werden, in die Falle zu laufen. In diesem Beispiel gelingt es dem Wagen.

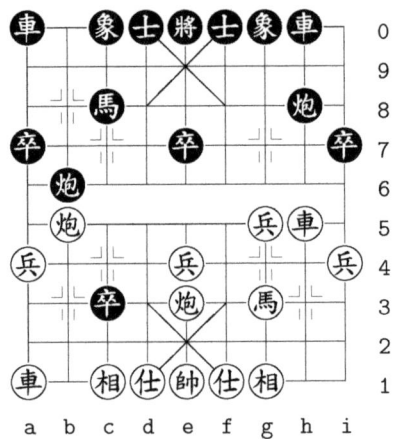

1.	W a1 – a3	S c3 – b3

Noch das Beste, denn nach Sc3-c2 folgt 2. Wa3-c3 mit Doppelangriff

2.	K b5 – e5 +	

Rot verbleibt in Vorhand.

9.14 Von hinten aufrollen

Im Angriff hinter die gegnerischen Linien zu kommen für Qualitätsgewinn oder Sieg. In diesem Mittelspiel kämpfen nur Pferde und
Kanonen gegen einander. Obwohl das schwarze Randpferd i7 den
Aufschlagspunkt h9 für das Pferde-Kanonenmatt schützen kann, ist
der Platz des Feldherrn kein sicherer Ort, denn Rot spielt folgendermaßen:

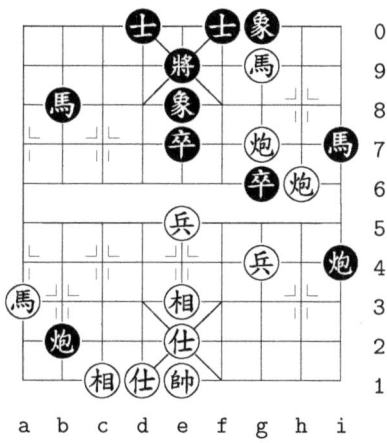

1.	K g7 – g8	P b8 – c6
2.	K g8 – i8	F e9 – f9
3.	K i8 × i4	

Rot sollte mit einer Qualität mehr gewinnen.

9.15 Mit der Kanone dem Wagen helfen

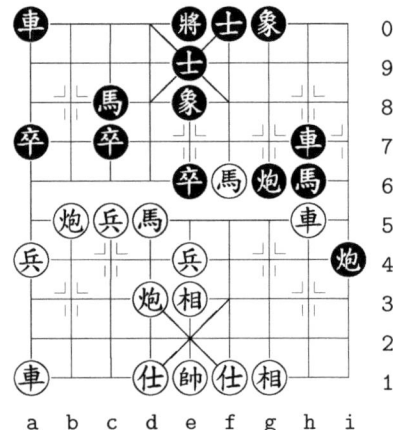

Die Kanone hinter den Wagen zu platzieren, ist immer listig. Es ist ein Muss für jede Angriffsvorbereitung im Verlauf des Mittelspiels auf die Koordination der Figuren zu achten.

In dieser Stellung stehen sich bei Schwarz Kanone(g6), Pferd(h6) und Wagen(h7) alle gegenseitig im Weg. Rot verschiebt die Kanone(b5) am Flussufer zur Unterstützung des Wagens.

1.	K b5–b2	K i4 – i9
2.	K b2–h2	K i9 –h9
3.	P f6 –g4	

droht mit Qualitätsgewinn

Kapitel 10

Doppeltaktik

Hier handelt es sich um Zugfolgen für schnelle Angriffe und erfolgreiche Steineverteilung bei gleichzeitiger Stärkung der Verteidigung. Davon handeln die folgenden vier Beispiele:

10.1 Der fliegende Elefant schnürt das Pferd ein

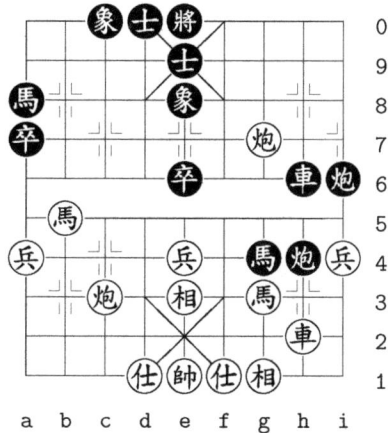

1. Ee3-g5 verschafft der Kanone(g7) die Schlagmöglichkeit auf g4. Gleichzeitig wird der Mittelsoldat(e4) vor weiteren Belästigungen geschützt. Sein ebenfalls herbeifliegender Kollege von der Gegenseite rettet mit 1...E8-g6 den eigenen Mittelsoldaten(e6) dagegen nicht. Dieser wird mit 2. Pb5-c7 ultimativ angegriffen, da auf 2. ... Pa8xc7? 3. Kc3xc0#. 1...Se6-e5 wäre entschieden besser. Mit 2...Le9-f0 beschleunigt Schwarz seinen Untergang.

10.2 Der Rückzug zum Angriff(II)

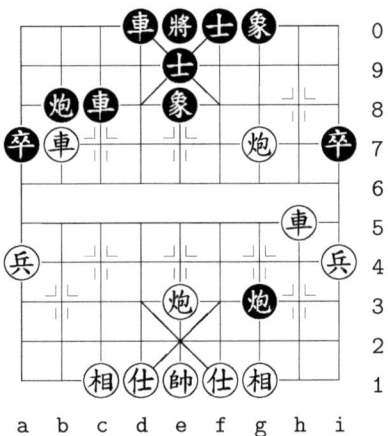

In diesem Beispiel steht die rote Zentralkanone(e3) fertig zum Angriff, aber gegen überfallartige schwarze Wagenangriffe auf c1 nebst d1 ist ein stiller Deckungszug auch in der Offensive ein Mittel, um die Initiative zu bewahren. Es folgt:

1.	L f1 – e2	K b8–b0

vermeidet eine Fesselung durch Kg7-g8;

2.	K g7×a7	K b0–a0
3.	W b7–g7	

Rot erobert die Kanone und damit die Qualität.

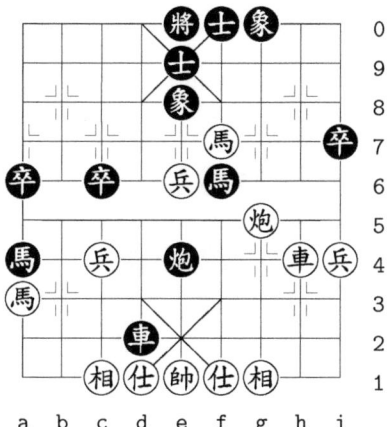

Ähnlich der vorliegende Fall in dem Schwarz mit Pa4-c3 das ulti-mative Matt mit Wd2xd1 oder Wd2-e2 droht. Rot zieht daher sein Pferd 1. Pa3-b1; und lässt es durch 1...Wd2-b2 einsperren. Durch 2. Wh4-h3 schafft Rot aber die Voraussetzung für ein Matt durch das „Pferd an der Krippe" (Pg9) mit nachfolgendem Wh3-d3.

10.3 Abtauscherzwingung

Um einen gefährlichen Angriff abzuwenden, muss die Vorhand manchmal auch eine Abtauscherzwingung vornehmen.

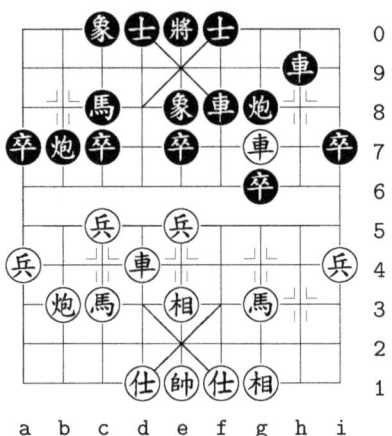

Hier droht Schwarz ganz gefährlich mit Kb7-b9 auf den anderen
Flügel zu wechseln, um das rote Pferd nebst Wagen von g9 akut zu
bedrohen.

1.	Wd4–b4	Kb7×b3
2.	Wb4×b3	

Die Drohung ist beseitigt.

Anhang A

Index

Erklärung vorkommender spieltechnischer Begriffe. Der Index beschränkt sich auf die in der Lexikonübersetzung vorkommenden Begriffe

Elefantenpunkt: allgemein alle dem Elefanten zugänglichen Punkte, speziell meist seine Ausgangsstellung.

Feldherrnblick, Feldherrnlinie (FHB/FHL), auch „ Todesblick" genannt: die freie Linie, die der Feldherr seinem Kollegen unzugänglich machen kann.

Herz des Palastes: Der Mittelpunkt des Festungsbezirks.

Komplette Verteidigungsstellung (KVS): Das Vorhandensein beider Elefanten und Leibwächter.

Offizier: ein über den Fluss gekommener Soldat.

Pferd als Angriffsspitze (PaA): Eröffnung von Rot mit Mittelkanone, vorgerücktem Mittelsoldat und dem Pferd vor der MK.

Pferd an der Krippe: der jeweilige rechte oder linke Mittelpunkt auf der zweiten oder vorletzten Reihe, die durch die Mittellinie geteilt ist.

Pferd im Herz des Palastes: ein natürlicher Schwachpunkt des Spiels, den man vermeiden sollte, solange der Gegner eine Mittelkanone spielen kann.

Pferdekette: Zwei sich gegenseitig deckende Pferde.

Schlüsselzug: genialer Zug, virtuoser Plan (guan zi / mou zi) genannter Opfer- oder Stellungszug, der in die unwiderlegliche Siegposition bringt. siehe auch Wirkungsstein

Stallwache: Die Soldaten in der Ausgangsstellung auf der c und g Linie, die dem ins Spielfeld gezogenen eigenen Pferd den weiteren Ausritt blockieren.

Wirkungsstein: „mou zi“, ein „Heldenstein“, ein listig gesetzter Stein. Gleichzeitig auch die Bezeichnung für einen geschickten Plan oder eine raffinierte Idee überhaupt. siehe auch Schlüsselzug